IGBO ALPHABET
(Abịdịị Igbo / Mkpụrụedemede)

A GUIDE TO LEARNING IGBO SOUNDS, WORDS AND SIMPLE SENTENCES

- Learn to pronounce and write Igbo with confidence
- Clear examples with 150 simple sentences for everyday use
- Perfect for beginners and language enthusiasts

By Uju Oramah

My Name *is*

_____

Would you please teach me Igbo?
Thank you.

DIVINE CHILD

Your voices give us existence. Kindly support us by providing an honest review on Amazon. Scan this QR code or search for Uju Oramah to share your feedback. Thank you for your assistance!

Note: We plan to provide online courses derived from this book at affordable prices for all levels soon. Sign up at ujuoramah.com to receive notifications.

For additional Igbo language resources and free downloads, subscribe to ujuoramah.com

Also, check out the YouTube channel for free lessons: Uju Oramah: Igbo Language for Beginners

IGBO ALPHABET
(Abịdịị Igbo / Mkpụrụedemede)

A GUIDE TO LEARNING IGBO SOUNDS, WORDS AND SIMPLE SENTENCES

By Uju Oramah

DEDICATION

To my sister, Maria,
for all your love, Care & Support

Igbo Alphabet (Abịdịị Igbo / Mkpụrụedemede): A Guide to Learning Igbo Sounds, Words, and Simple Sentences By Uju Oramah

DivineChild Publishers, Antioch, Tennessee.
Copyright © 2025
ISBN: 978-1-966820-01-7
Library of Congress Control Number: 2025902120
For Donations, bulk purchases, copies & other great titles, please visit ujuoramah.com.
Or email: divinechildpublishers@gmail.com

Also, get Copies at
Amazon
divinechildpublishers.com
ujuoramah.com

🎉 **Enjoy free Igbo lessons and resources on the Uju Oramah YouTube Igbo Language page!**

Chioma

THE IGBO ALPHABET

The Igbo alphabet consists of 36 letters and is divided into two classes (E kere abịdịị Igbo ụzọ abụọ):

1. Consonants (Mgbochiume)
2. Vowels (Ụdaume)

The Igbo Alphabet

A, a	B, b	CH, ch	D, d	E, e	F, f
G, g	GB, gb	GH, gh	GW, gw	H, h	I, i
Ị, ị	J, j	K, k	KP, kp	KW, kw	L, l
M, m	N, n	Ñ, ñ	NW, nw	NY, ny	O, o
Ọ, ọ	P, p	R, r	S, s	SH, sh	T, t
U, u	Ụ, ụ	V, v	W, w	Y, y	Z, z

1. Consonants (Mgbochiume)

There are 28 consonants in the Igbo language (Mgbochiume Igbo dị iri abụọ na asatọ).

They are (Ha bụ):

b, ch, d, f, g, gb, gh, gw, h, j, k, kp, kw, l, m, n, ñ, nw, ny, p, r, s, sh, t, v, w, y, z

2. Vowels (Ụdaume)

The Igbo language has 8 vowels (Ụdaume Igbo dị asatọ).

They are (Ha bụ): a, e, i, ị, o, ọ, u, ụ

To make learning and remembering the Igbo alphabet easier, we will use similar sounds from the English language (Asụsụ Bekee) as a guide in the following pages.

THE IGBO ALPHABET

Aa

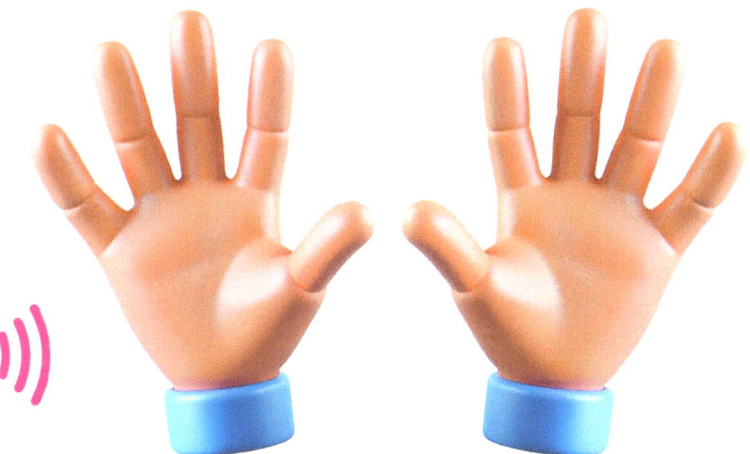

The "a" sound, as in <u>a</u>pple. 🔊

- Aka nri na aka ekpe. (The right hand and the left hand.)
- Anyị ji aka nri eri nri. (We eat with the right hand.)
- Anyị ji aka nri na aka ekpe arụ ọrụ. (We use our right and left hands to work.)

Bb

The "b" sound, as in <u>b</u>ee. 🔊

- Bịa ebe a, biko. (Come here, please.)
- Bata ebe a, biko. (Come in here, please.)
- Biko, ana m abịa. (Please, I am coming.)

THE IGBO ALPHABET

CHch

The "ch" sound, as in <u>ch</u>air.)))

- Chọọ iko ahụ. (Look for the cup.)

- Chọọ okpu ahụ. (Look for that cap.)

- Chọọ akwụkwọ ahụ. (Look for the book.)

Dd

The "d" sound, as in <u>d</u>eer.)))

- Daalụ. (Thank you.)

- Daalụ, Chukwu gozie gị. (Thank you, God bless you.)

- Chineke m, daalụ. (My God, thank you.)

THE IGBO ALPHABET

Ee

The "e" sound, as in **e**gg.

- Ebee ka anyị na-aga? (Where are we going?)
- Ebee ka ị gara? (Where did you go?)
- Ebee ka ị chọrọ ịga? (Where do you want to go?)

Ff

The "f" sound, as in **f**inger.

- Fee ka Ugo. (Fly like an Eagle.)
- Fepụ ka ọkụkọ. (Fly away like a Chicken.)
- Felie ka Egbe. (Fly like a Kite.)

THE IGBO ALPHABET

Gg

The "g" sound, as in game. 🔊

- Gụọ akwụkwọ Igbo gị. (Read your Igbo book.)
- Gụọ akwụkwọ Bekee gị. (Read your English book.)
- Ọ gụrụ akwụkwọ ụnyahụ. (She read a book yesterday.)

GBgb

The "gb" sound, as in Igbo. 🔊

- Emeka gbara ọsọ. (Emeka ran.)
- Ada gbara ọsọ. (Ada ran.)
- A gbakwara m ọsọ. (I also ran.)

THE IGBO ALPHABET

GH gh

The "gh" sound, as in spa**gh**etti. 🔊

- Ada ghere azụ. (Ada fried fish.)
- Nneka ghere ji. (Nneka fried yam.)
- Mụ onwe m ghekwara anụ. (I also fried meat.)

GW gw

The "gw" sound, as in **Gw**en. 🔊

- Gwọọ ya ọrịa (Heal him of sickness.)
- Ọ gwọrọ ya ọrịa. (He healed his sickness.)
- Ọ gwọkwara ya ahụ ọkụ. (He also cured him of fever.)

THE IGBO ALPHABET

Hh

The "h" sound, as in <u>h</u>ere.

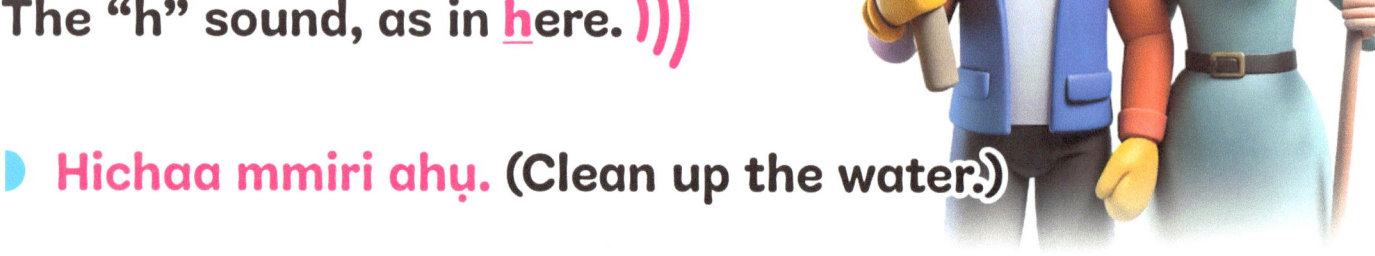

- Hichaa mmiri ahụ. (Clean up the water.)
- Hichaa ụgbọ ala nke ọma. (Clean the car thoroughly.)
- E hichaara m ụlọ anyị. (I cleaned our house.)

Ii

The "i" sound, as in <u>e</u>at.

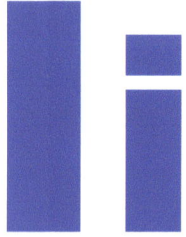

- Anyị ji ite esi nri. (We cook with pots.)
- Anyị na-ejikwa ite esi akwa. (We also use pots to cook eggs.)
- Anyị jikwa ite agbanye mmiri. (We also used pots to store water.)

THE IGBO ALPHABET

Ịị

The "ị" sound, as in <u>i</u>nk.

- Ị gara ahịa. (You went shopping.)
- Ị gara ụlọ akwụkwọ. (You went to school.)
- Ị gakwara ụlọ ụka. (You also went to church.)

Jj

The "j" sound, as in <u>j</u>est.

- Jee nke ọma. (Have a nice trip.)
- Jee n'ụlọ ụka. (Go to the church.)
- Jee nweta ego. (Go and get money.)

THE IGBO ALPHABET

Kk

The "k" sound, as in **k**ettle. 🔊

- **Kedu ka ị mere?** (How are you?)
- **Kedu ka nne gị mere?** (How is your mom?)
- **Kedu ka nna gị mere?** (How is your dad?)

KP kp

The "kp" sound, like a gunshot "kpaa kpaa kpaa." 🔊

- **Kpachara anya gị.** (Be careful.)
- **Kpachapụ anya nke ukwuu.** (Be very careful.)
- **Kpachara anya gị ebe m nọ.** (Be careful with me.)

THE IGBO ALPHABET

KW kw

The "kw" sound, like in **q**ueen. 🔊

- Kwụsị. (Stop.)
- Kwụsị ebe a. (Stop here.)
- Kwụsị ịgba ya ụkwụ. (Stop kicking him.)

Ll

The "l" sound, like in **l**ion. 🔊

- Lee Nne m. (Look at my mother.)
- Lee Nna m. (Look at my father.)
- Leenụ ụmụnne m. (Look at my siblings.)

THE IGBO ALPHABET

Mm

The "m" sound, like in <u>m</u>ate.

- Mara na m ma gị. (Just know that I know you.)
- Marakwa na m ma nne gị. (Also, know that I know your mother.)
- Marakwa na m ma nna gị. (Also, know that I know your father.)

Nn

The "n" sound, like in <u>n</u>ame.

- Nne m siri ofe ọgbọnọ. (My mother cooked ogbono soup.)
- Nna m riri ofe ọgbọnọ. (My father ate ogbono soup.)
- Nwanne m rikwara ofe ọgbọnọ. (My sibling also ate ogbono soup.)

THE IGBO ALPHABET

Ññ

The "ñ" sound, like in go<u>ing</u>.

- Ñụọ mmiri. (Drink water.)
- Ñụọ mmiri jụrụ oyi. (Drink cold water.)
- Ọ ñụrụ mmiri. (He drank water.)

NWnw

The "nw" sound, like the sound of a siren "nweị nweị nweị."

- Nwa anyị. (Our child.)
- Nwa nwanne m. (My cousin.)
- Nwanne m nwanyị. (My sister.)

THE IGBO ALPHABET

NYny

The "ny" sound, like in ca<u>ny</u>on.

- **Nye m ego.** (Give me money.)
- **Nye m akwa.** (Give me clothes.)
- **Nyekwazi m mmanya.** (Give me a drink, too.)

Oo

The "o" sound, like in <u>o</u>at.

- **Oche onye eze.** (A king's seat.)
- **Oche onye ọka ikpe.** (A judge's seat.)
- **Oche nwata akwụkwọ.** (A student's seat.)

THE IGBO ALPHABET

Ọọ

The "ọ" sound, like in <u>or</u>b.

- Ọrụ ugbo. (Farming.)
- Ọrụ ike. (Hard work.)
- Ọrụ onye nkuzi. (A teacher's work.)

Pp

The "p" sound, like in <u>p</u>iano.

- Pụọ ebe a. (Get out of here.)
- Pụọ ka m bata. (Get out so I can come in.)
- Pụọ ọrịrị. (Go out for leisure.)

THE IGBO ALPHABET

Rr

The "r" sound, like in <u>r</u>ain.

- Rie nri. (Eat food.)
- Rie osikapa. (Eat rice.)
- Rie ji. (Eat yam.)

Ss

The "s" sound, like in <u>s</u>alad.

- Saa efere. (Wash the dishes.)
- Saa ngaji. (Wash the spoon.)
- Saa ụgbọ ala. (Wash the car.)

THE IGBO ALPHABET

SH sh

The "sh" sound, like in <u>sh</u>ine.

- Ịsha bi na mmiri. (Shrimps live in water.)
- Nshịkọ bikwa na mmiri. (Crabs also live in water.)
- A na-eji ịsha esi ofe. (Shrimps are used to make soup.)

T t

The "t" sound, like in <u>t</u>ime.

- Taa anụ. (Eat meat.)
- Taa akwa. (Eat an egg.)
- Taa ọkpụkpụ. (Eat a bone.)

THE IGBO ALPHABET

Uu

The "u" sound, like in l<u>oo</u>k.

- Ugbo ọka. (A corn farm.)

- Ugbo akpụ. (A cassava farm.)

- Ugbo ji. (A yam farm.)

Ụụ

The "ụ" sound, like in mo<u>u</u>th.

- Ụwa a. (This world.)

- Ụwa bụ nke Chukwu. (The world belongs to God.)

- Ndị mmadụ bi n'ụwa. (People live in the world.)

THE IGBO ALPHABET

Vv

The "v" sound, like in <u>v</u>an.

- Mvọ isi (Hair comb)
- Vọọ ntutu isi gị. (Comb your hair.)
- Vọọ ntutu isi nwa gị. (Comb your child's hair.)

Ww

The "w" sound, like in <u>w</u>hen.

- Wepụ ya ọsọ ọsọ. (Remove it quickly.)
- Weta ya ebe a. (Bring it here.)
- Were oke gị. (Take your share.)

THE IGBO ALPHABET

Yy

The "y" sound, like in yell.

- Yiri akwa. (Wear clothes.)
- Yiri ọla ntị. (Wear earrings.)
- Yirikwa akpụkpọ ụkwụ. (Also wear shoes.)

Zz

The "z" sound, like in zebra.

- Zụta agwa. (Buy beans.)
- Zụta achịcha. (Buy bread.)
- Zụtakwa ụgbọ elu. (Buy an airplane too.)

ONE-WORD SENTENCE

Ahịrịmkpụrụokwu (One-Word Sentence)

A one-word sentence in Igbo is typically a verb that stands on its own and is fully understandable in context.

Bịa
Come

Daalụ
Thank you

Gawanụ
Go now

Pụọ
Leave

Banye
Enter

Kwụsị
Stop!

IGBO NUMBERS

0 Efu/Adighị
Zero

½ Ọkara
Half

1 Otu/Ofu
One

2 Abụọ/Ibụọ
Two

3 Atọ/Itọ
Three

4 Anọ/Inọ
Four

IGBO NUMBERS

5 Ise / Five

6 Isii / Six

7 Asaa/Ịsaa / Seven

8 Asatọ/Ịsatọ / Eight

9 Itoolu/ Iteghète/ Itenaanị / Nine

10 Iri / Ten

ORDINAL NUMBERS

1st - nke mbụ

Example:

Onye nke mbụ
(The first person)

2nd - nke abụọ/ịbụọ

Example:

Onye nke abụọ/ịbụọ
(The second person)

3rd - nke atọ/ịtọ

Example:

Onye nke atọ/ịtọ
(The third person)

4th - nke anọ/ịnọ

Example:

Onye nke anọ/ịnọ
(The fourth person)

5th - nke ise

Example:

Onye nke ise
(The fifth person)

6th - nke isii

Example:

Onye nke isii
(The sixth person)

ORDINAL NUMBERS

7th - nke asaa/ịsaa

Example:

Onye nke asaa/ịsaa

(The seventh person)

8th - nke asatọ/ịsatọ

Example:

Onye nke asatọ/ịsatọ

(The eighth person)

9th - nke itoolu/iteghète/itenaanị

Example:

Onye nke itoolu/iteghète/itenaanị

(The ninth person)

10th - nke iri

Example:

Onye nke iri

(The tenth person)

SIMPLE SENTENCES

Ahịrịokwu Dị Mfe

Uche gara ahịa.
(Uche went to the market.)

Ada chịrị ọchị.
(Ada laughed.)

Ngozi na-agba ọsọ.
(Ngozi is running.)

Emma bi n'Enugu.
(Emma lives in Enugu.)

SIMPLE SENTENCES

Chioma na-arahụ ụra.
(Chioma is sleeping.)

Ebee ka anyị na-aga?
(Where are we going?)

Gịnị ka ọ na-eme?
(What is he doing?)

Gịnị ka ị na-eme? /
Kedu ihe ị na-eme?
(What are you doing?)

SIMPLE SENTENCES

Ọ na-esi nri ụtụtụ.
(He is cooking breakfast.)

Amaghị m.
(I don't know.)

Echefuru m. / Echetaghị m.
(I forgot.)

Echetara m.
(I remembered.)

SIMPLE SENTENCES

Aghọtara m.
(I understand/I understood.)

Aghọtaghị m.
(I didn't understand.)

Aghọtaghị m gị.
(I don't understand you.)

SIMPLE SENTENCES

Nkọwa Onwe na Igbo (Introduction of Self in Igbo)

Aha m bụ Uju Obi.
(My name is Uju Obi.)

Aha nna m bụ Okoro Obi
(My Father's name is Okoro Obi.)

Aha nne m bụ Ebere Obi.
(My Mother's name is Ebere Obi.)

Aha nwanne m nwoke bụ Ifeanyi Obi.
(My brother's name is Ifeanyi Obi.)

SIMPLE SENTENCES

Aha nwanne m nwanyị bụ Ifeoma Obi.
(My sister's name is Ifeoma Obi.)

Anyị bi n'Onitsha.
(We live in Onitsha.)

Anyị bụ ndị Abatete dị na steeti Anambra, Nigeria.
(We are from Abatete in Anambra State, Nigeria.)

QUESTIONS AND ANSWERES

Chibuike

DevineChild Igbo Quiz

1. How many letters are in the Igbo alphabet? .... (18, 21, 36)
2. Write the two classes of the Igbo alphabet in Igbo: .... and .... (Mgbochi, Ụdaume, Ụda, Mgbochiume)

3. Write four Igbo alphabet letters:
     - ....
     - ....
     - ....
     - ....

4. Read the Igbo alphabet aloud.

5. Provide an Igbo word with the "b" sound, as in .... (bee, bia, bibi)
6. Provide an Igbo word with the "d" sound, as in .... (door, dad, deer)
7. Provide an Igbo word with the "z" sound, as in .... (Zack, zebra, Zara)

8. Write three one-word sentences in Igbo:
     - ....
     - ....
     - .... (Akwa, Vọọ, Pụọ, Kwụsị, Daalụ)

Numbers in Igbo

9. Write these numbers in Igbo:
     - 1 ....
     - 0 ....
     - 6 ....

DevineChild Igbo Quiz

10. Write two Igbo ordinal numbers:

- ....

- ....

Translation Exercises

11. Translate the following into Igbo:

- He is cooking breakfast. ....

- I forgot. ....

- I didn't understand. ....

12. Translate the following into English:

- Aha m bụ ………

- Aha nna m bụ ………

- Aha nwanne m nwanyị bụ ………

- Anyị bụ ndị Abatete.

DevineChild Igbo ANSWER KEY

1. 36

2. Ụdaume

   Mgbochiume

3. Examples of Igbo letters:
   - A
   - B
   - CH
   - D

4. Full Igbo Alphabet:
   A, a B, b CH, ch D, d E, e F, f G, g
   GB, gb GH, gh GW, gw H, h I, I Ị, ị J, j
   K, k KP, kp KW, kw L, l M, m N, n Ṅ, ṅ
   NW, nw NY, ny O, o Ọ, ọ P, p R, r S, s
   SH, sh T, t U, u Ụ, ụ V, v W, w Y, y Z, z

5. B Sound Example: Bee

6. D Sound Example: Deer

7. Z Sound Example: Zebra

DevineChild Igbo Quiz

8.
- Pụọ
- Kwụsị
- Daalụ

9.
- 1 = Out
- 0 = Efu
- 6 = Isii

10. Igbo Ordinal Numbers:
 Nke mbụ
 Nke atọ

11.
 He is cooking breakfast. Ọ na-esi nri ụtụtụ.

I forgot. Echefuru m.

I didn't understand. Aghọtaghị m.

12.
 Aha m bụ … My name is …

Aha nna m bụ … My father's name is …

Aha nwanne m nwanyị bụ … My sister's name is …

Anyị bụ ndị Abatete. We are from Abatete.

Thank you for Your Support ♥

🎉 **Enjoy free Igbo lessons and resources on the Uju Oramah YouTube Igbo Language page!**

👉 We'd love to hear your thoughts! Share your reviews on Amazon, Facebook, Twitter, and Goodreads.

Do you need help writing or publishing your book? We can assist you, no prior experience is needed! Visit divinechildpublishers.com or email us at divinechildpublishers@gmail.com.
For hard copies, bulk orders, new releases, and updates, email

💼 divinechildpublishers@gmail.com.
or visit:
👉 divinechildpublishers.com
👉 ujuoramah.com

For author interviews, speaking engagements, or more information, email us at:
💼 divinechildpublishers@gmail.com.

DISCOVER DEEPER FAITH AND IGBO LANGUAGE MASTERY WITH UJU ORAMAH

As a dedicated Christian author, Uju crafts books and blogs that deepen your connection with God. Master the Igbo language with her comprehensive guides, and be uplifted by her inspiring storybooks. Discover a transformative way to experience God's presence today!

Christian Books

Audio Books
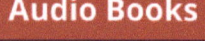

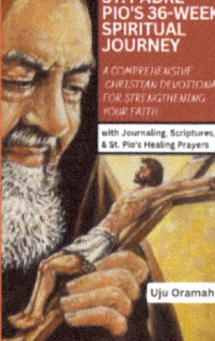

Children's Story Book
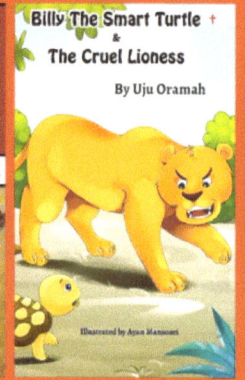

Music Mp4

Igbo Language

Igbo Picture Book for Kids and Beginners
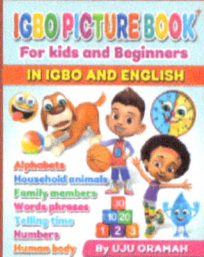

Poems

Laminated Posters in English & Igbo. Size-16.5x23 inches

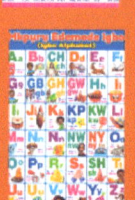

Uju Oramah

www.ingramcontent.com/pod-product-compliance
Lightning Source LLC
LaVergne TN
LVHW072118070426
835510LV00003B/112